Attribué au libr. André Cailleau
ou à l'abbé Merchadier, d'après Barbier.

CRITIQUE
SCENE PAR SCENE
SUR
SEMIRAMIS
TRAGÉDIE NOUVELLE
DE M. DE VOLTAIRE.

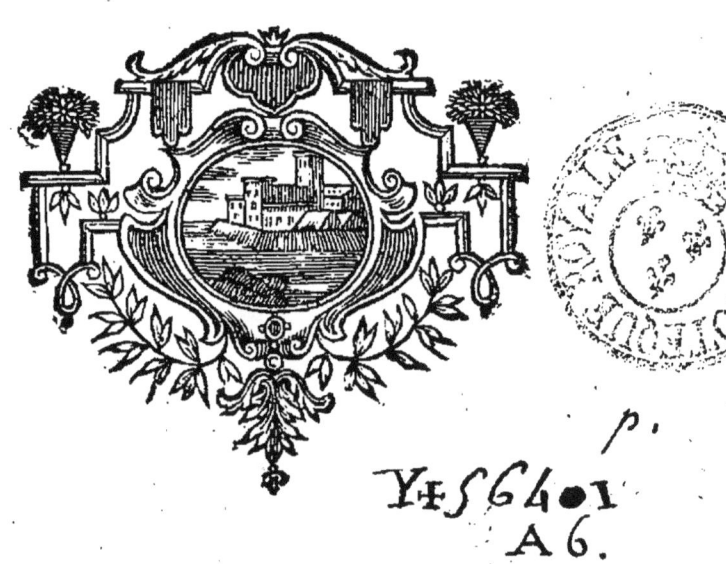

A PARIS,

Chez CAILLEAU, Libraire, rue S. Jacques, au-dessus de la rue des Mathurins, à S. André.

M. DCC. XLVIII.

CRITIQUE
EN FORME DE LETTRE
SUR
SEMIRAMIS
TRAGÉDIE NOUVELLE
De M. de Voltaire.

'OBEIS à vos ordres, Madame, je suis enfin parvenu à voir Semiramis; & je crois être en état de vous faire connoître cette Tragédie. Jamais Piéce de Théâtre n'a fait plus de bruit avant sa Représentation, mais pour me servir d'un Vers de l'Auteur:

Semiramis n'est plus que l'ombre d'elle-même.

Vous allez en juger.

Semiramis Reine de Babilône, s'étoit servi d'Assur, Prince du Sang de Ninus, pour empoisonner son Epoux. Assur ne s'étoit pas contenté d'exécuter les ordres de la Reine, il les avoit passé en empoisonnant aussi Ninias fils de Ninus & de Semiramis;

A

mais le poison ne fit aucun effet sur lui par les soins du fidele Phradate, à qui sa jeunesse avoit été confiée, & ce Prince fût élevé comme le fils de son Gouverneur, sous le nom d'Arsace. L'opinion où il étoit d'être le fils de Phradate n'altera point l'élevation des sentimens qu'il avoit puisés dans le sang de Ninus. Il étoit à la tête des armées de Semiramis. Phradate en mourant lui avoit donné une cassette pour la remettre au Grand-Prêtre. Il vient à la Cour par les ordres de Semiramis, & remet entre les mains d'Oroes le dépôt dont il étoit chargé. Cette cassette contenoit la Couronne & l'Epée de Ninus, & une Lettre de ce Roi. Arsace aimoit Azema & en étoit aimé ; mais Assur étoit son Rival plûtôt par ambition que par amour. La Reine, déchirée par ses remords, haïssoit son complice : Assur le sçavoit, & comptoit en épousant Azema s'assurer de la Couronne & même l'ôter à Semiramis. Cette Reine devoit moins ses remords à elle-même qu'à l'ombre vangeresse de Ninus qui lui avoit apparu plusieurs fois. Un peu de tranquillité renaît dans son cœur lorsqu'elle apprend qu'Arsace est à sa Cour, elle connoissoit ce Prince, & elle avoit senti l'effet délicieux de cet instinct qu'ont les meres pour reconnoître leurs enfans. Ces sentimens lui paroissent de l'amour & la déterminent à épouser Arsace. Mais ayant assemblé son Conseil, & le peuple pour leur déclarer sa volonté, l'ombre de Ninus apparoît ; ordonne à Arsace de lui faire un sacrifice dans son tombeau, & promet aussi à Semiramis qu'elle y descendra quand il en sera tems. Le Grand-Prêtre effrayé des horreurs de cette union, instruit Ninias de sa naissance & lui donne pour garant la

SUR SEMIRAMIS.

Lettre de Ninus. Semiramis perce ce myſtere en arrachant cette Lettre à ſon fils. Aſſur deſcend au tombeau pour prevenir Ninias & l'aſſaſſiner : Semiramis y va elle-même pour ſecourir ſon fils, mais Ninias plonge deux fois ſon épée dans le ſein de ſa mere, en croyant immoler Aſſur, qui, un poignard à la main vient fondre ſur lui quand il eſt ſorti du tombeau. Ninias le deſarme & le condamne à mourir ſur un échaffaut. Ce Prince regne ſur le Thrône de ſon Pere avec Azema. Semiramis les unit en mourant.

Tel eſt le plan, Madame, de la *Tragédie* dont j'ai à vous entretenir ; mais cela ne vous ſuffit pas : vous connoiſſez trop le Théâtre pour ne par vouloir juger par vous-même des moindres fautes qu'un auſſi grand Auteur que M de V. a pû commettre dans l'œconomie de ſa Piéce ; vous voulez des détails, vous allez être ſatisfaite. Toute la *Tragedie*, Scene par Scene, va vous paſſer devant les yeux, & j'y joindrai mes Réflexions même ſur les Vers que j'ai pû retenir & que j'aurai occaſion d'y inſerer.

Noms des Acteurs.

SEMIRAMIS, *Reine de Babylone.*
NINIAS, *Fils de Ninus & de Semiramis, élevée & connu ſous le nom d*... *face.*
AZEMA, *Princeſſe, à qui Ninias fût deſtiné dans ſon enfance.*
ASSUR, *Prince du Sang des Rois de Babylone.*
MITRANE, *Confident de Ninias.*
Un CONFIDENT *de Semiramis.*
Un CONFIDENT *d'Aſſur.*
L'Ombre de Ninus.
Gardes.

La Scene se passe dans une Place publique au devant du Palais de Semiramis. A droite est un Temple, & à gauche le Tombeau de Ninus. Pour conserver l'unité de lieu il a fallu faire tenir le Conseil où Semiramis fait choix d'un Epoux, vis-à-vis & proche le Tombeau de son premier Mari qu'elle a fait empoisonner : c'est bien choisir le lieu pour une Reine aussi timorée qu'elle est dans tout le cours de la Piéce. D'ailleurs, vous verrez dans la suite le peu de vraisemblance qu'il y a que la plûpart des Scenes de cette *Tragédie* se passent dans une Place publique comme celle où il est question des remords & des terreurs de Semiramis. Je conçois bien que le peuple ne pouvoit pas approcher de la Reine, mais il devoit au moins s'assembler bien du monde à une certaine distance pour voir ces mouvemens furieux de leur Souveraine. La belle Scene du quatrieme Acte devoit sur tout fixer l'attention du peuple.

ACTE PREMIER.

SCENE I. ARSACE, MITRANE.

Ninias connu sous le nom d'Arsace, Général d'Armée de Semiramis revient à la Cour par ses ordres, & trouve à son arrivée *dans le Palais des Rois* Mitrane son ancien Ami :

Je retrouve un Ami dans le Palais des Rois.

Ils s'entretiennent de la grandeur de la Reine, mais Mitrane lui apprend que Semiramis n'est plus que l'ombre d'elle-même, & que cette Reine, l'admiration des Etrangers, est devenu, pour ainsi dire, le mépris de ses Sujets, par les terreurs continuelles auxquelles on la voit livrée. Arsace demande qui peut causer ces craintes de la Reine, Mitrane répond :

> L'effet en est affreux, la cause est inconnue.

Arsace s'informe du tems que Semiramis est en cet état :
> Du tems qu'elle ordonna que vous vinssiez ici

Lui répond Mitrane. Ce vers prouve que pendant quinze ans la Reine n'avoit point eu de remords de son crime, & que Ninus pendant le même tems a dormi tranquillement dans son tombeau. Arsace dont le devoir est de se présenter à la Reine, espere obtenir de Semiramis, pour prix de ses services, la permission d'épouser Azema, pour qui il a pris de l'amour quand elle est venue au Camp à la suite de la Reine, mais il craint aussi de ne pouvoir pas peut-être réussir dans sa demande, parceque, dit-il :

> .... Souvent un Soldat dans les Camps honoré,
> Rampe à la Cour des Rois & languit ignoré.

Ces deux vers sont beaux, mais ne sont-ils pas trop hardis ? Cette Scene, Madame, m'a paru inutile aussi bien que la suivante. Le Grand-Prêtre auroit pû aussi bien instruire Arsace de tout ce que Mitrane lui revele. Vous verrez bien d'autres Scenes pareilles.

SCENE II. Arsace.

Monologue pour donner le tems de venir à Oroes qui vient d'être averti par Mitrane de l'arrivée d'Arsace.

SCENE III. Arsace, Oroes.

Arsace présente au Grand-Prêtre une cassette que Phradate dont il se croit fils, lui a ordonné en mourant de remettre en ses mains. Oroes y trouve la Couronne de Ninus, son Epée & une Lettre cachetée du Sceau de ce Roi. Arsace dit à Oroes qu'il a entendu des cris redoublés dans le tombeau prochain (*il les avoit entendu dans la Scene précedente*) Oroes lui répond :

Ces accens de la mort sont la voix de Ninus.

Ensuite il lui dit que Ninus a été empoisonné & qu'il n'est pas vangé. Arsace à qui le Grand-Prêtre vient de dire que cette vengeance le regarde, lui demande le nom du criminel, Oroes lui répond qu'il n'est pas encore connu, & il ajoute,

Attendez avec moi le jour de la Justice.

Or *le jour de la Justice* en style de Théâtre, c'est le cinquiéme Acte. Cependant le Grand-Prêtre pouvoit s'instruire sur le champ, en lisant le Billet de Ninus, du moins devoit-il picquer sa curiosité ; mais il entend trop les régles du Théâtre, pour couper court d'abord à une action, il se contente de faire cacher la cassette sous l'autel & dit à Arsace que les Dieux le reservent à de grands desseins.

SCENE IV. Arsace, Mitrane.

Arsace, par le discours que le Grand-Prêtre vient de lui tenir ne voit que trop qu'Assur est soupçonné d'avoir empoisonné le Roi. Mitrane l'avertit de son arrivée, & lui conseille de cacher ses soupçons.

SCENE V. Arsace, Mitrane, Assur.

Assur du Sang des Rois de Babylone, redouté

SUR SEMIRAMIS.

de Semiramis même, parce qu'il fût son complice, ne trouve point dans l'Ordre de la Reine une raison suffisante à Arsace d'être venu à la Cour: il prétend à la main d'Azema, il sçait qu'Arsace est son Rival, & il lui défend de se préfenter à la Reine; mais Arsace lui repond:

> J'y cours *de ce pas même*, & vous m'enhardissez;
> C'est l'effet que sur moi fit toujours la menace.

Ce dernier vers me paroît affoiblir la pensée du premier, il a quelque chose qui tire à une puérile gasconade, Arsace sort en disant à Assur qu'il ne doit pas s'imaginer être assez grand pour le faire trembler.

SCENE VI. Assur, son Confident.

Assur dit à son Confident que la Couronne chancelle sur la tête de la Reine, qu'il a tout à espérer de sa foiblesse, mais qu'avant tout il doit faire ses efforts pour empêcher l'union d'Arsace avec Azema.

SCENE VII. *Le* Confident *de la Reine*.

Il vient annoncer l'arrivée de Semiramis qui veut être seule.

SCENE VIII. Semiramis, son Confident.

Semiramis en proye à ses remords invoque les manes de son Epoux. Elle croit fortement aux esprits, elle est seulement en doute si celui qui lui apparoit, vient de la part des Dieux ou de celle du Diable:

> Cette voix formidable, infernale ou céleste,

Son Confident veut la rassurer & lui donne

A iv

l'exemple d'Assur, qui, quoique coupable du même crime est cependant sans remords, mais la Reine lui répond par ces beaux vers :

> Nos destins, nos devoirs étoient trop différens,
> Plus les nœuds sont sacrés, plus les crimes sont grands.
> J'étois Epouse enfin.

Ensuite elle dit qu'elle a fait consulter l'Oracle de Jupiter Ammon, dont le Temple est dans les déserts de la Lybie.

> Comme si (*dit-elle*) loin de nous, le Dieu de l'univers,
> N'eût mis la vérité qu'au fonds de ces déserts.

Semiramis ne devoit point s'exprimer ainsi. Elle dit des choses brillantes, mais au depens de sa piété.

N'étes-vous point surprise, Madame, de voir que Semiramis ait un Confident du crime qui cause ses remords. Je m'imagine que quand on commet un crime, on n'a d'autres Confidents que ses complices, & que lorsqu'on a le pouvoir Souverain dans ses mains, on en commet un second moindre en les faisant immoler pour dérober la connoissance du premier. Que Semiramis n'en ait point usé ainsi avec Assur, on peut la justifier en disant qu'Assur étant le second de l'Etat il pouvoit n'y avoir pas de sureté à se porter à cette extrémité, mais la même raison ne subsiste pas pour le Confident, & il n'est mis là contre toute vraisemblance, qu'afin que le Spectateur soit instruit par la Reine même du crime qu'elle a commis. M. de V. avoit déja fait la même faute dans la Scene sixiéme du même Acte, dans laquelle Assur a aussi un Confident de son crime.

SUR SEMIRAMIS.

SCENE IX. Semiramis, son Confident, &c.

On vient avertir la Reine qu'un Prêtre d'Egypte vient d'arriver sécretement de Memphis.

ACTE II. Scene I.
Arsace, Azema.

Protestations d'amour entre Arsace & Azema. La fin du discours d'Azema m'a paru fort mauvais ; ce sont de tendres langueurs, *elle ne rougit point d'aimer Arsace ; au contraire elle rougiroit de ne le point aimer.*

SCENE II. Arsace, Azema, Assur.

Assur outré qu'Arsace ait paru devant la Reine, & qu'il en ait été bien reçu (*il est supposé l'avoir vû dans l'entre-Acte.*)

Plus outré encore de le voir avec Azema, lui declare qu'il est son rival, que la Princesse & lui sont du sang des Rois de Babilone, & qu'elle ne préférera pas

L'amour d'un Sarmate
Au sang des demi Dieux du Tigre & de l'Euphrate.

Arsace ne veut point d'autres titres pour épouser Azema que son amour pour elle ; il ajoute en se retirant :

Je vous laisse à ses pieds, jugez si je vous crains.

SCENE III. Azema, Assur.

Assur veut faire sentir à Azema combien il importe à elle-même de confondre ses droits avec les siens, pour s'élever sur la ruine de Semiramis.

Nous perdons l'univers si nous nous divisons.

Mais Azema fidéle à Arsace, lui dit que ce héros à ses yeux est égal aux plus grands Rois.

Aux vertus, croyez-moi, rendez plus de justice

Et parce qu'Aſſur a voulu lui faire entendre que la grandeur de la Reine étoit ſur ſon declin. Elle ajoute qu'elle ignore ſes pratiques ſecrettes, & ſi les peuples ſont laſſez d'obéir à une femme ; mais que l'orage ne peut qu'être éloigné ,

Je les vois à ſes pieds baiſſer leur tête altiére :
Ils peuvent murmurer, mais c'eſt dans la pouſſiere

Elle regne en un mot, & vous qui gouvernez,
Vous prenez à ſes pieds les loix que vous donnez.

Elle finit en diſant :

Ma gloire eſt d'obéir, obéiſſez vous-même.

Il faut avouer, Madame, que le diſcours d'Azema dans cette Scene eſt très bien fait. Si ces beautés de détail étoient plus ſouvent répandues, M. de V. auroit, comme dans ſes autres piéces, ſéduit aſſez ſes Auditeurs pour les empêcher de s'appercevoir d'un mauvais plan.

SCENE IV. Assur, son Confident.

Aſſur fait connoître la crainte où il eſt que la Reine ne donne ſon conſentement au mariage d'Arſace & d'Azema, & dit qu'il eſt tems d'agir, & que ſa fortune peut ſe laſſer à force de l'attendre ; mais ne craignez pas, Madame, il n'entreprendra rien ; il n'eſt fait que pour menacer.

SCENE V. Assur, son Confident.

On vient avertir Aſſur que la Reine veut lui parler en ſecret.

SCENE VI. Assur, son Confident.

Il eſt ſurpris de l'ordre de la Reine, parce qu'il a perdu ſa confiance depuis quelque tems.

SCENE VII. SEMIRAMIS, ASSUR.

Remarquez que c'est Semiramis qui vient trouver Assur : l'Auteur ne ménage pas la majesté Royale. Elle lui parle de ses remords, mais pour les bannir : voici la réponse de son complice.

Ils se seroient vangés s'ils avoient dû le faire
Les vainqueurs des vivans redoutent-ils les morts.

Dans ce dernier vers, quelle antithèse ! La Reine n'est point convaincue des raisons d'Assur, & tachant de reprendre sa fierté, elle lui défend de penser à l'himen d'Azema qui le rendroit trop puissant ; elle annonce que dans le jour elle doit nommer un Roi : qu'après la mort de Ninus, ce choix ne pouvoit regarder que lui seul ; mais qu'alors elle craignoit trop de se donner un maître.

Je vous fis sans former un lien si fatal
Le second de la terre & non pas mon égal.

Elle ordonne ensuite à Assur d'avertir pour le conseil, les Mages & les Princes, & la dévote Semiramis finit en disant :

Croyez-moi les remords à vos yeux méprisables
Sont la seule vertu qui reste à des coupables.

Et je vous apprendrai qu'on peut sans s'avilir
S'abaisser sous les Dieux, les craindre & les servir.

SCENE VIII. ASSUR.

Monologue où il se flatte que la Reine veut l'épouser, puisqu'elle lui interdit l'himen d'Azema : il s'écrie, en se voyant si près de monter sur le throne qu'il desiroit depuis tant d'années.

Que de foibles reſſorts, font d'illuſtres deſtins!

De plus, Madame, je ne ſçais ſi je me trompe; mais toutes les ſcenes de cet Acte à l'exception de la premiere, m'ont paru abſolument inutiles au nœud & au dénoument.

ACTE III. SCENE I.

Semiramis, ſon Confident.

La Reine lui déclare ſon amour pour Arſace, & le deſſein qu'elle a de la couronner. Pourquoi fait-on faire à la Reine une déclaration ſi formelle? Quel tort ne fait-elle pas à la Scene huitiéme du même Acte qui ne fait aucun effet, parce qu'on ſçait ce qui va ſe paſſer dans le conſeil? N'eſt-ce pas une régle de Théâtre que les évenemens ne ſoient pas prévus. Il falloit laiſſer le Spectateur en ſuſpens entre Arſace & Aſſur, & cela étoit aiſé, puiſque la politique engageoit la Reine à prendre Aſſur pour ſon époux, parce qu'il étoit ſon complice.

SCENE II. SEMIRAMIS, OROES.

La Reine demande à Oroes ſi les Mages ſont avertis de ſe trouver au Conſeil. L'air triſte du Grand Prêtre jette de nouvelles terreurs dans l'eſprit de Semiramis; elle veut ſçavoir s'il approuve ſes projets, Oroes répond qu'il ne les connoit pas, elle lui dit:

Les Oracles d'Ammon veulent un ſacrifice:

Le Grand Prêtre inſtruit de ſon crime par la Lettre de Ninus, lui répond fierement,

Il ſe fera, Madame.

La Reine lui demande encore s'il eſt vrai qu'Arface ait offert des préfens aux Dieux. Oroes lui apprend que les préfens de ce Prince leur font agréables. Cette réponfe adoucit les inquiétudes de Semiramis.

SCENE III.

Monologue de cette Reine fur fon mariage.

SCENE IV. Semiramis, son confident.

Il vient avertir Semiramis qu'Arface plongé dans la triftesse, demande la permission de lui parler.

SCENE V. Semiramis.

Elle tache de pénétrer la caufe du chagrin d'Arface.

SCENE VI.

Arface croit fur les difcours du peuple que la Reine époufera Affur, & il ofe lui avouer qu'il ne pourra souffrir

De fe voir écrafé de *fon orgueil jaloux.*

Il continue,

Souffrez que loin de lui, malgré moi, loin de vous,
Je retourne aux lieux où je montrai ma valeur.

Semiramis répond :

Bientôt je *vous ferai connoître*
Qu'Affur *en aucun tems* ne fera votre maître.

Arface rassuré, la prie d'interdire à Affur l'himen d'Azema, & Semiramis lui accorde cette grace. Eft-il naturel, Madame, qu'Arface ofe dire à la Reine que l'époux qu'elle va prendre n'eft pas de fon goût. Un fujet peut demander à fon Prince la permission de fe retirer de la Cour ; mais s'il n'avoit pas d'autre motif que celui d'Arface, il n'auroit pas la hardieffe de ne le pas diffimuler ; ce feroit insulter au choix & à la volonté suprême de son Souverain ; mais l'amour de Semiramis pour Arsace la met dans le cas de ne pas sentir la témerité de son sujet. Cet amour même l'aveugle jusqu'à ne pas pénétrer le dessein d'Arsace lorsqu'il lui demande en grace qu'Azema ne soit point unie a Assur. Peut-être se flatte-t-elle que la priere de ce Prince n'est qu'un intérêt délicat qu'il prend à ce qui la regarde elle-même, & qu'il craint qu'Assur en épousant la Princesse ne nuise à sa puissance; mais du moins dans la Scene suivante, lorsqu'Azema se jette aux genoux de la Reine pour lui faire la même priere, ne devroit-elle pas alors avoir quelques soupçons, car elle devoit penser qu'Azema étoit interessée à s'unir avec Assur.

Toutes les Scenes précédentes de cet Acte sont encore inutiles, à l'exception de la premiere qui auroit dû être tout autrement faite comme je vous l'ai fait remarquer.

SCENE VIII. Semiramis, Azema, Arsace, Assur, le Grand-Pretre, les Mages.

C'est ici le Conseil où la Reine doit nommer son époux ; le Grand-Prêtre, Arsace, Assur & Azema jurent d'être fidéles au Roi que Semiramis va nommer. La Reine après une longue harangue nomme Arsace : exclamations de tous les personnages suivant leurs différens intérêts. L'ombre de Ninus au bruit du tonnerre sort du tombeau & dit :

Tu dois regner Arsace

Mais *avant que dans toi* j'adopte un héritier,
Dans ma tombe, à ma cendre il faut sacrifier.

— — — — —

Souviens-toi de ton pere, écoute le Pontife.

SUR SEMIRAMIS.

Semiramis demande au Spectre la grace d'embrasser ses genoux & de descendre dans son tombeau, mais l'Ombre lui dit :

. . . : Arrête & respecte ma cendre,
Quand il en sera tems, je t'y ferai descendre.

Vous avez vû, Madame, que cette déclaration de la Reine ne produit aucun effet, parce qu'elle est prévûe. D'ailleurs pour rendre la Scene du Spectre plus chaude, il auroit dû paroître à l'instant que Semiramis nomme Arsace ; mais outre les exclamations, trois ou quatre vers que dit ensuite la Reine ne font que diminuer l'effet de cette Scene.

Ce n'est qu'ici, à proprement parler, que l'intérèt commence, si on peut en fonder un sûr l'apparition d'un Spectre.

ACTE IV. Scene I.
Arsace, Azema.

Azema fait des reproches à Ninias comme s'il étoit coupable du choix de la Reine, elle entre en fureur à sa vûe,

Non, je ne prétends point dans ma douleur profonde
Disputer un perfide à l'empire du monde.

Cette épithete est bien gratuite. Arsace la rassure & lui dit que tous ses vœux ne tendent qu'à être unie avec elle, mais il la fait souvenir qu'elle est destinée à Ninias, il lui apprend qu'il est vivant, qu'il doit paroître avant la fin du jour, & que c'est un secret qui n'est sçu que des Mages. Azema l'assure qu'elle peut bien n'être pas à lui ; mais qu'elle ne sera jamais à Ninias. Arsace s'écrie au sujet du discours du Spectre.

Quels oracles confus ! quelle lumiere obscure !

Azema lui répond :

L'amour *parle* ; il suffit, sa lumiere est plus pure.

Ce dernier vers est-il bien François! M. de V. veut dire que la lumiere du langage de l'amour est plus brillante que la lumiere obscure des Oracles confus, mais cette pensée est-elle bien exprimée. Azema finit en disant :

Entre le throne & moi, que mon Amant choisisse :

Et plus bas,

Ton sort dépend des Dieux, le mien dépend d'Arsace.

SCENE II.

Court Monologue pour la liaison avec la Scene suivante.

SCENE III. LE GRAND-PRETRE, ARSACE.

Le Grand-Prêtre met sur la tête d'Arsace la couronne de Ninus, & lui donne l'épée de ce grand Roi

Armée du fer sacré *que vos mains doivent prendre*

(lui dit-il) vous devez descendre dans le tombeau & sacrifier aux manes de Ninus. Il ajoute :

Ce sang qui devant eux doit être offert par vous,

Que ce vers est dur.

De Ninus . . . . . osa trancher la vie.

Il revêle à Arsace ce mistere. Arsace a de la peine à croire la Reine criminelle.

A-t-on tant de vertus après un *si grand crime ?*

Il demande où est Ninias, & pourquoi on le revet de ces ornemens qui sont faits pour le fils de Ninus. Oróes lui répond,

Ninus est votre pere,
Vous êtes Ninias, la Reine est votre mere.

Le Grand-Prêtre n'oublie pas de lui apprendre que c'est Assur qui a exécuté le crime de la Reine,

que

SUR SÉMIRAMIS.

que ce Prince indigne avoit passé son ordre en l'empoisonnant lui-même, mais que Phradate le fit échapper à ce danger.

> Ces vegetaux puissans qu'en Perse on voit éclore,
> Qui naissent dans les champs de l'astre qu'elle adore,
> Par les soins de Phradate avec art préparés,
> Firent sortir la mort de vos flancs déchirés.

ARSACE.
Ah ! vous rendez la mort à mes sens désolés
. . . . Oui je reçus la vie
Dans le sein des grandeurs & de *l'ignominie.*

On pourroit interpréter ceci malicieusement : Arsace pouvoit avoir d'autres soupçons sur sa mere.

Cependant cet évenement est assez étrange pour qu'il reste quelque doute dans l'esprit d'Arsace. Aussi le Grand-Prêtre lui donne-t-il à lire la lettre de Ninus, la voici :

NINUS *mourant au fidéle Phradate.*

> Je meurs empoisonné, prenez soin de mon fils,
> Arrachez Ninias à des bras ennemis :
> Ma criminelle épouse . . . .

Ninus n'en avoit pû écrire davantage. Après une exclamation d'Arsace, Oroes lui dit : *lisez.*

> Il (*Phradate*) vous confirme un secret *si funeste,*

Ninias lit bas le reste du billet. Etonné de tant d'horreurs, il tremble pour la victime qu'il doit immoler ; le Grand-Prêtre lui dit que les Dieux la conduiront, Arsace lui répond :

> Vos funestes Oracles
> Sont plus obscurs encor à mon esprit troublé,
> Que le sein de la tombe où je suis appellé.

Quels vers ! l'obscurité des Oracles comparée à l'obscurité d'un tombeau.

B

Oroes lui répond d'un ton imposant, qu'il ne lui convient pas d'interroger ses maîtres, & de vouloir pénétrer le secret des Dieux.

A la mort échapé, malheureux Ninias,
Adorez, rendez grace, & ne murmurez pas.

Cette Scene pourroit être remarquée si elle appartenoit à l'Auteur.

SCENE III. NINIAS, son CONFIDENT.

Le Confident de Ninias vient lui rendre ses respects comme à son Roi. Ce Prince en proie à sa douleur ne lui répond rien. Aussi n'étoit-il venu que pour soutenir la Reine dans la Scene suivante.

On voit assez que cette Scene est parfaitement inutile.

SCENE IV.

SEMIRAMIS, NINIAS & son CONFIDENT.

Semiramis est étonné de voir Arsace livré à des transports dont elle ne connoit pas la cause.

. . . Ah! quels regards vos yeux lancent sur moi,

— — — — — — — —

Arsace mon appui, mon secours, mon Epoux.

Ce nom d'Epoux redouble les agitations d'Arsace, & la Reine lui dit :

Les traits du desespoir sont sur votre visage.

Elle est surprise pourquoi

Sa bouche en fremissant prononce je vous aime.

Enfin elle jette les yeux sur le billet qu'il tient à la main & lui dit :

Contient-il les raisons de tes refus odieux,

ARSACE.

Oui

SEMIRAMIS.

Donne

ARSACE.
Je ne puis,
SEMIRAMIS.
D'où le tiens-tu ?
ARSACE.
Des Dieux.
SEMIRAMIS.
Qui l'écrivit ?
ARSACE.
Mon pere.

Semiramis alors l'arrache des mains de Ninias qui dit :

> Hé bien ! que ce billet soit donc le seul supplice
> Qu'à son crime, grand Dieu, reserve ta justice.

La Reine après avoir lû, tombe sans sentiment sur le Confident d'Arsace qui n'étoit venu dans la Scene précédente que pour cet utile secours. Revenue à elle-même elle dit à son fils que puisqu'il sçait son crime, c'est à lui de frapper.

> Punis cette coupable & *cette infortunée*
> – – – – – – – –
> La nature trompée est horrible à tous deux.

Mais Ninias lui assure que si les Manes de Ninus demandent du sang, c'est en parlant d'Assur,

> Le *détestable* sang d'un lache meurtrier.

Enfin il se retire, & ordonne au Confident de cacher cet horrible mistere.

Cette Scene est très-belle & très bien faite. Le désespoir de Semiramis & de Ninias, les tendres remords de la Reine, & le respectueux pardon du fils, sont exprimés avec cette justesse de sentiment qui caracterise les traits de Jocaste & d'Œdipe. On pourroit dire seulement que l'art n'y est pas assez caché. Le billet qu'Arsace tient si longtems à la main fait connoître aux moins pénétrans à quoi il est destiné.

ACTE V. SCENE I.
SEMIRAMIS, & son CONFIDENT.

Il tâche de calmer les inquiétudes de la Reine par le bonheur qu'elle à de retrouver un fils,

C'est un premier sujet que vous rend la nature

Et en lui parlant du sacrifice qu'ordonne Ninus & Jupiter Ammon,

On adore cet ordre, on ne peut le comprendre.

Ce vers est malin ; d'ailleurs la Scene est inutile.

SCENE II. SEMIRAMIS, AZEMA.

Azema avertit Semiramis qu'Assur a violé le *divin privilége* du tombeau, & qu'il s'y est caché pour assassiner Arsace. Semiramis prend alors une résolution bien étrange ; elle rassure Azema sur ce qu'elle craint qu'elle n'épouse Arsace.

Cet himen est affreux, abominable, impie.

Ensuite elle fait retirer Azema. Cette retraite d'Azema cause un vuide de théâtre entre la troisiéme & la quatriéme Scene ; mais elle a paru nécessaire à l'Auteur, afin qu'Azema ne fut pas instruite que Semiramis descend dans le tombeau, car elle en eut informé Arsace dans la Scene cinquiéme, & il auroit fait mourir la Reine avec encore moins de vraisemblance. Il étoit cependant aisé de remédier à cet inconvenient. Il falloit faire entrer la Reine dans le tombeau par la même porte où s'y étoit introduit Assur.

SCENE III. Semiramis.

Semiramis pour prévenir les mauvais desseins d'Assur forme la résolution de descendre elle-même dans le tombeau. Quel secours pour Ninias contre Assur que la tendresse de Semiramis ? Mais avant que d'y descendre, elle fait venir des Gardes auxquels elle ordonne d'obéir à Arsace comme à elle-même.

SCENE IV. Azema.

C'est ici qu'est le vuide de théâtre. Azema s'entretient de ses craintes pour Arsace.

SCENE V. Azema.

Azema traite encore de perfide son amant qu'elle voit revêtu des ornemens de la Royauté; mais malgré l'obscurité des discours d'Arsace qui s'efforce de la calmer sur ses craintes, elle entrevoit qu'il est Ninias, elle lui apprend qu'Assur est descendu dans le tombeau. Alors Ninias s'imagine comprendre le sens des paroles du Spectre; il vole au tombeau, Azema veut l'arrêter, & comme il lui dit qu'il est agréable aux Dieux, Azema répond :

Ce que les Dieux ont fait ne m'apprend qu'à frémir :
Ils ont aimé Ninus, ils l'ont laissé périr.

Arsace fait entendre à Azema que l'arrêter, c'est s'opposer à la volonté des Dieux.

SCENE VI. Azema.

Elle entend deux fois la voix d'Arsace dans le tombeau.

CRITIQUE

N'entends-je pas sa voix parmi des cris funestes
C'est lui . . . .
— — — — — — — —
    Je l'entends, c'est lui-même.

Enfin elle y veut descendre : admirez, Madame, la justesse de cette Scene.

SCENE VII. AZEMA, NINIAS.

Un coup de tonnerre se fait entendre. Ninias paroît, il apprend à Azema qu'il a immolé Assur aux Manes de son pere, qu'il l'a traîné longtems dans le tombeau, qu'Assur a nommé Ninias & invoqué ses Dieux.

 J'ai deux fois dans son sein plongé ce fer vengeur
— — — — — — — —
 Il invoquoit ses Dieux à son heure derniere.

Que de choses contre la vraisemblance !

SCENE VIII. AZEMA, NINIAS, ASSUR.

Assur sort du tombeau, & veut plonger son poignard dans le sein de Ninias, celui-ci le désarme, étonné que sa victime lui soit échappée.

SCENE IX.
AZEMA, NINIAS, ASSUR, le GRAND-PRETRE & le PEUPLE.

Oroes vient pour faire connoître au Peuple le fils de son Roi. Ninias ordonne qu'on se saisisse d'Assur,

 Qu'il meure dans l'opprobre & non de mon épée
 Et qu'on rende au trépas ma victime échapée.

Assur qui vient de sçavoir par le discours du Grand-Prêtre qu'Arsace est Ninias, lui dit avec fierté qu'il va mourir ; mais qu'il le laisse plus malheureux que lui. Jette les yeux, dit-il, sur ce tombeau,

SCENE X. Les Acteurs précédens.
SEMIRAMIS.

Ninias voit avec effroi sa mere frappée des deux coups dont il avoit cru immoler Assur. Il veut se percer de la même épée dont il vient de commettre ce crime ; le Grand-Prêtre la lui arrache, & cette mere si tendre lui dit le motif qui l'a fait descendre dans le tombeau,

J'y descendis pour deffendre tes jours,

Ninias desesperé, impute aux Dieux l'horreur de son crime

. . . . Ces Dieux qui m'égaroient

Semiramis s'écrie,

Il est donc des forfaits
Que le courroux des Dieux ne pardonne jamais.

Enfin elle meurt en pardonnant à son fils, & en l'unissant avec Azema.

Et vous tendre Azema que ma main vous unisse ;
Cet himen est formé sous un cruel auspice :
Mais hélas ! j'ai des Dieux épuisé le courroux,
En ne m'imitant pas ne craignez pas leurs coups.

Je n'ai point voulu, Madame, vous faire part de mes réflexions à chaque Scene de cet Acte, à commencer à la troisiéme, parce que le défaut de vraisemblance qui s'y trouve influe trop sur toutes les Scenes qui suivent. Vous les avez déja prévus, sans doute. Combien est-il peu vraisemblable que la Reine descende dans le tombeau de son époux ? Quoi ! au lieu d'envoyer des Gardes se saisir d'Assur dans la tombe, elle y descend elle-même, elle qui a si peur des revenans ; & sur-tout de l'ombre de Ninus qu'elle a empoisonné. Et pourquoi y descend-elle ? Pour défendre son fils. Que pouvoit esperer une femme seule contre un homme préparé à un assassinat. D'ailleurs que Semiramis s'humilie elle-même en allant se compromettre dans un tombeau avec un sujet ! mais que direz-vous de Ninias qui à la sombre clarté de la tombe, immole sa mere au lieu d'Assur, il plonge dans le sein de la Reine deux coups d'épée : il la traine *pendant longtems* dans le tombeau : elle le nomme, elle invoque ses Dieux, & son fils ne la reconnoit pas, il croit toujours avoir immolé Assur.

D'ailleurs, que fait Assur pendant tout ce tems ? Par une raison phisique, il auroit dû voir Arsace dans le Tombeau, quoique celui-ci ne l'ait pas vû ; il étoit entré dedans le premier. Mais sans nous arrêter à cette considération, les cris de la Reine n'auroient-ils pas dû exciter la curiosité d'Assur & le faire aller vers l'endroit d'où ils partoient ! il y a quelque chose de plus, c'est que Ninias lui-même parle dans ce Tombeau & assez haut pour qu'Azema qui est sur le Théâtre l'entende, & cependant Assur n'y fait point d'attention.

Vous voilà suffisamment instruite, Madame, du plan & de l'ordre des Scenes : ainsi, vous êtes en état de juger. Vous voyez que les beautés de cette Tragédie sont sur le compte d'un Spectre ou de l'Ombre de Ninus. L'imagination du public n'en a point été frappée comme celle de l'Auteur. M. de V. s'attendoit de parvenir aux plus brillans succès par cette *Machine*, cependant elle n'a produit aucun effet : qui l'eût pû croire ? Nous courons au-devant du merveilleux, & si nos nourrices nous impriment si aisément dans un âge tendre la crainte des esprits & des revenans, lorsque nous sommes raisonnables, nous aidons nous-mê-

SUR SEMIRAMIS.

mes à nous tromper & à nous entretenir dans ces erreurs. Il y a une sorte de plaisir attaché à l'étonnant qui est terrible ; mais dans ce siécle le raisonnement est le principal mérite, & la mode est d'être Métaphisicien. La vanité d'être raisonnable nous a fait renoncer au plaisir d'être séduit & étonné. Descartes qui nous a appris à raisonner à beaucoup nui aux Auteurs Tragiques, en leur ôtant un nouveau moyen d'exciter la terreur dans l'ame des Spectateurs. Peut-être malgré notre esprit raisonneur, y a-t-il un Art de rendre un Spectre terrible. C'est aux Poëtes à le trouver. Vous avez vû, Madame, que M. de V. laisse cette besogne à ses Successeurs.

Vous pouvez juger de l'Exposition par les Scenes qui viennent de vous passer en racourci devant les yeux. Le sujet est fort simple, & très-aisé à développer, cependant deux Actes à peine y suffisent. Ce n'est pas que je trouve à redire que l'exposition d'une Piéce soit renfermée dans cette carriere ; nos plus grands Auteurs l'ont fait ; mais toutes les Scenes ont chez eux un objet déterminé, un objet qui par son importance intéresse le Spectateur, un objet enfin qui a un enchaînement prochain & essentielle à l'action principale. Le plan de la Piéce que vous venez de lire, Madame, vous fera convenir aisément que beaucoup de Scenes n'ont point d'objets, que presque tout le second Acte, & une grande partie du troisiéme ne servent à rien, & que par conséquent ces Scenes oisives & qui ne sont que de remplissage, font languir le Spectateur. Le premier Acte, d'ailleurs, ne sert à développer le sujet que par de petits objets. Cette cassette qu'apporte Ninias au

Grand-Prêtre, n'excite pas le moindre dégré de curiosité. Et qu'est-ce que ce Prêtre de Memphis qu'on vient annoncer à Semiramis à la fin de cet Acte. L'Oracle dont il est dépositaire est-il bien nécessaire à l'action principale. L'Auteur n'a feint cet Oracle que pour suivre cette Loi d'Aristote, qui consiste à renfermer la catastrophe dans la protase.

A l'égard de l'intrigue, vous avez déja jugé s'il y en a une, ou si elle est bien faite. La Reine veut déclarer l'Epoux qu'elle choisit & le déclare, le Spectre vient l'interrompre : le Grand-Prêtre apprend à Arsace qu'il est Ninias, Semiramis reconnoît son Fils ; Assur se rend au Tombeau pour assassiner Ninias ; Ninias tue sa Mere, & Assur meurt sur un échaffaut. Est-ce-là une intrigue ? Mais pour justifier M. de V. on sçait qu'une des meilleures Comédies est sans intrigue. Tout se réduit donc à apprétier les situations. Si la Piéce se passe bien d'intrigue, la beauté des situations en est plus grande, & la gloire de l'Auteur en est augmentée. On peut dire sans flatter M. de V. que cette gloire ne lui seroit pas nouvelle. Toujours vainqueur du Parterre par des situations brillantes, toujours soigneux de parvenir à une grande réputation par des voies nouvelles, il s'est toujours négligé sur la façon d'intriguer ses Piéces, mais si dans Semiramis les situations n'ont pas produit tout l'effet qu'en attendoit l'Auteur, le Spectateur lui doit être plus favorable. A cette derniere réflexion, Madame, vous me reconnoîtrez Ami de M. de V.

La catastrophe fût toujours un effort de l'Art ; c'est une chose bien pénible pour les Auteurs ;

ainsi, Madame, il faut un peu d'indulgence : cette indulgence que je vous demande fait l'éloge de M. de V. son esprit ne tient presque plus à la matiere. Tout chez lui se raffine, se subtilise, se spiritualise ; l'imagination disparoît, cette faculté que nous empruntons de nos sens, si elle produit les plus grands plaisirs, elle ne devroit pas donner ceux de l'orgueil, elle doit nous humilier : cependant rien n'étoit plus beau que cette catastrophe, si elle eût été vraisemblable. Cette vraisemblance joue bien de mauvais tours au Poëtes.

Vous ne voudriez pas, Madame, que je ne vous disse pas un mot des caracteres. Dans le cours de la Piéce, Semiramis n'est plus qu'une ombre d'elle-même selon l'expression de l'Auteur ; son caractere est à peu près tel que celui de ces femmes galantes qui prennent un autre parti lorsque leurs passions sont usées. Elle a satisfait son ambition par un crime ; assez forte pour l'avoir commis, & assez vertueuse pour s'en repentir. Hé ! quel autre mérite peut-elle avoir ? Les remords *sont la seule vertu des coupables.* Je vous laisse à juger, Madame, si les remords sont une vertu, ou si c'est le repentir. J'ai toujours crû jusqu'ici, que les remords étoient involontaires.

Je reconnois dans Ninias un bon naturel de Fils : il brille par sa tendre générosité pour sa Mere ; on dit qu'il est un Héros ; mais en vérité, ce qu'il exécute dans le Tombeau est moins courageux que ce que fait tous les jours le plus petit de nos Officiers d'Infanterie.

On ne conçoit point le caractere d'Assur, il tente la fortune par un crime, & ensuite pendant quinze ans il se contente de l'attendre, ou de n'employer que des complaisances & des soins artificieux pour la Reine : d'ailleurs, il ne fait rien dans toute la Piéce, si ce n'est de se cacher à la fin pour commettre un assassinat.

Le Grand-Prêtre est un être machinal, un ressort que les Dieux font mouvoir.

Je crains de me souvenir de la langoureuse Azema. Elle a beaucoup de passion pour Ninias, mais point de caractere distinctif, point de nuance qui fasse fixer les yeux sur elle ; son personnage est peu intéressant, & d'ailleurs absolument inutile. Elle ne sert, ni à l'élevation de Ninus, ni à l'élevation de Ninias au Thrône.

Mais que pensez-vous de l'intérêt, Madame ? Après l'exposition, doit-on souhaiter que Ninus & Ninias soient vangés ? Si les Amours de Ninias & d'Azema jettoient de l'intérêt dans le cours de la Piéce, on commenceroit à le sentir, lorsque la Reine déclare qu'elle aime Arsace ; on ne peut donc être intéressé que lorsqu'Arsace est soupçonné d'être Fils de Ninias ; mais on s'est ennuyé pendant trois Actes ; on a eu beau courir au-devant du plaisir, le cœur est dans la langueur & a des répugnances secrettes de s'intéresser au reste de la Piéce.

Malgré mes Réflexions Critiques, je rendrai cependant justice à l'Auteur. Il y a des beautés dans la Tragédie, sur tout deux coups de tonnerre qui font un effet merveilleux. Ce n'est pas mal s'y prendre, que de vouloir intéresser le Ciel au succès d'une Piéce. On est si étourdi de ce bruit imprévû, qui a coutume de nous causer de la terreur, qu'on n'a pas la liberté de voir les défauts des Scenes où il se fait entendre. L'Auteur qui connoît le prix de cette ressource, avoit déja pressenti le goût du Public dans sa Mérope : il a encheri dans Semiramis. Je ne désespere pas de voir bientôt un Piéce de sa façon, où chaque Scene sera annoncé par un coup de tonnerre. Il est bien plus facile d'imaginer ces choses là que de combiner un beau plan bien intrigué & intéressant.

J'ai l'honneur d'être Votre, &c.

Lû & Approuvé ce 10 Septembre 1748.
CRÉBILLON.

Vû l'Approbation. Permis d'imprimer à la charge d'enregistrement à la Chambre Syndicale. Ce 14 Septembre 1748. BERRYER.

Regiſtré ſur le Livre de la Communauté des Imprimeurs & Libraires de Paris, N°. 3278. conformément aux Reglemens, & notamment à l'Arrêt du Conſeil du 10. Juillet 1745. A Paris le 17. Septembre 1748.
G. CAVELIER Pere, Syndic.

www.ingramcontent.com/pod-product-compliance
Lightning Source LLC
Chambersburg PA
CBHW060510050426
42451CB00009B/905